Die verschwundenen Zahlen

Ein Theaterstück zur Einschulung mit Gesang

3. Auflage 2025

Idee und Text: Henning M. Ihde
Coverbilder: © Olesia, trokerr, Kristina, enggar – AdobeStock.com
Redaktion: Kohl-Verlag
Grafik & Satz: Tatjana Wörner & Kohl-Verlag
Druck: elanders Druck, Waiblingen

Bestell-Nr. 13 106

ISBN: 978-3-98841-183-9

Bildquellen: © AdobeStock.com

S. 1: Africa Studio; **S. 2:** trokerr; **S. 3:** Vetriya (2x); **S. 4:** Vetriya (4x); **S. 5-15:** sonia, tigatelu; **S. 5:** Vetriya, Kseniia; **S. 6:** Neo, trokerr; **S. 7:** enggar; **S. 8:** Kristina; **S. 9:** enggar; **S. 10+11:** enggar, Neo; **S. 12+13:** Kristina, Neo; **S. 14:** lineartestpilot, Neo; **S. 15:** Neo, Vetriya; **S. 16:** Neo; **S. 17:** Neo, Colorfuel Studio; **S. 18:** Neo, enggar, Diana Bedoya; **S. 19:** Neo, Kristina; **S. 20:** Neo, Vetriya, Diana Bedoya

Zusatzmaterial zu diesem Titel im Online-Shop erhältlich:

Unter der Rubrik "Zusatzmaterial" auf der Startseite befindet sich ein direkter Link zum Download des Zusatzmaterials zu diesem Band.

Geben Sie beim Download-Vorgang bitte diesen Code ein: **AG4DR92L**

Kontakt: Kohl-Verlag, An der Brennerei 37-45, 50170 Kerpen
Tel: +49 2275 331610, Mail: info@kohlverlag.de

Inhalt

DIE VERSCHWUNDENEN ZAHLEN
Ein Theaterstück zur Einschulung mit Gesang – Bestell-Nr. 13 106
KOHL VERLAG

Vorwort

Autor Henning M. Ihde

„Von 1973 bis 2012 bin ich im Schuldienst in Bad Sachsa tätig gewesen, einem hübschen kleinen Städtchen am Südrand des Harzes. Von Anfang an, d. h. fast 40 Jahre lang, habe ich mit den Kindern der dortigen Grund- und Oberschule die verschiedensten Theaterstücke aufgeführt, in die ich zur Auflockerung für Akteure und Zuschauer immer möglichst schwungvolle Lieder eingebaut habe. Da die käuflich erworbenen Stücke meist nicht meinen Wünschen entsprachen (ich musste sie oft erheblich umändern), habe ich die Sprech- und Liedtexte für die Aufführungen schließlich selbst geschrieben. Mein Ziel war es, dass „die Bühne lebt", dass die kleinen Schauspieler mit natürlichem Spiel die Zuschauer mitrissen. Und das gelang auch – mit kurzen Texten, eben so wie die Kinder im Alltag auch tatsächlich sprechen. Bei den Liedern habe ich meist bekannte und beliebte Melodien ausgewählt und sie mit einem passenden Text versehen. So hat das Theaterspielen nicht nur den Akteuren, sondern auch den Zuschauern immer viel Spaß gemacht."

Inhalt

Der erste Schultag steht bevor. Damit die Schulanfänger rechnen und lesen lernen können, haben Anna und Benni Zahlen und Buchstaben extra auf große Pappen gemalt. Diese werden jedoch von Zwergen und Häschen „entführt", weil sie auch lesen und rechnen lernen wollen. Mit Hilfe der Lieder „Zwerge, los wir lernen Lesen" (Melodie: Glory, Glory, Halleluja) und „Zehn kleine Häschen" (Melodie: Zehn kleine Negerlein) gelingt es Anna und Benni trotzdem, allen das Lesen von Zahlen und Buchstaben beizubringen und gleichzeitig die verschwundenen „Lehr- und Lernmittel" wieder zu bekommen. So steht dem Beginn der ersten Schulstunde nichts mehr im Wege.

Liederanhang

Die Melodien der Lieder in „Die verschwundenen Zahlen" sind eigentlich allerorts bekannt. Sollte jemand ein Lied jedoch nicht oder nicht besonders gut kennen, helfen die Hörbeispiele, es schnell und mühelos kennenzulernen und einzuüben. Mit unserem Download-Code im Impressum auf Seite 1 können Sie die Lieder gesungen und als Playback-Versionen herunterladen. So können die Schauspieler/innen auch ohne den Einsatz von Begleitinstrumenten singen.

Zum Vortragen der Lieder ist keine Gesangsausbildung nötig. Das zeigen die Hörbeispiele, die nicht mit Profis, sondern mit ganz normalen Schulkindern aufgenommen worden sind.

Für alle, die die Playbacks nicht nutzen, sondern die Lieder mit Instrumenten (Violine, Flöte, Klavier, Gitarre, Keyboard) begleiten möchten, finden sich zusätzlich zu den Liedtexten auch die Noten und Akkorde aller Lieder im Liederanhang (ab Seite 17).

DIE VERSCHWUNDENEN ZAHLEN
Ein Theaterstück zur Einschulung mit Gesang – Bestell-Nr. 13 106
KOHL VERLAG

Mitwirkende, Kulisse, Kostüme

MITWIKRKENDE

- 4 Schüler/innen der 2. oder 3. Klasse:
  - 2 Sprecher/innen (Anna und Benni) und
  - 2 Helfer/innen (assistieren Anna und Benni)
- 7 Zwerge, darunter der sprechende Zwerg 1 und Zwerg 2
- 10 Häschen, darunter das sprechende Häschen 1 und Häschen 2
- Chor (falls nötig – kann aber auch durch die obigen Mitwirkenden ersetzt werden)

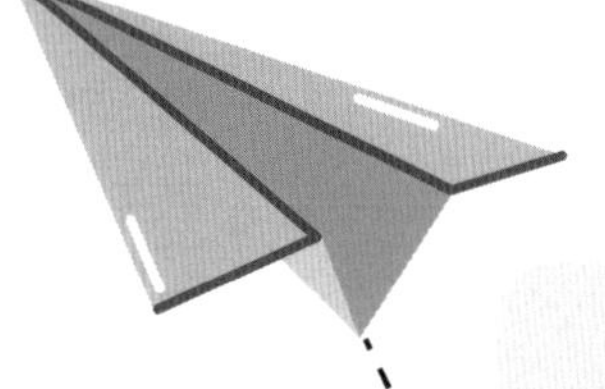

KULISSE und REQUISITEN

- 2 Schulstühle
- 1 Schulhaus aus Pappkartons gebastelt – oder gemalt
- 7 Buchstabenkarten (A, E, I, O, U, Au, Ei) im DIN A4 Format
- 10 Zahlenkarten (1 bis 10) im DIN A4 Format

KOSTÜME

- 4 Schulranzen (für Anna, Benni und die 2 Helfer/innen)
- 7 Zwergenmützen und Bärte, übrige Kleidung im „Gartenzwerg-look"
- 10 Paar Hasenohren (an Haarreifen befestigt), übrige Kleidung im „Hasenlook"

KOHL VERLAG
DIE VERSCHWUNDENEN ZAHLEN
Ein Theaterstück zur Einschulung mit Gesang – Bestell-Nr. 13 106

1. Auftritt: Zahlen und Buchstaben

(Vier Schulkinder – mit Ranzen – kommen auf die Bühne. Anna hat einen Stapel mit den Zahlen von 1 bis 10 dabei, Benni einen Stapel mit den Buchstabenkarten A, E, I, O, U, Au und Ei)

Anna Hallo Kinder! Schön, dass ihr heute hier seid!

Benni Ja, herzlich willkommen in unserer Schule!

Anna Wir haben euch zu eurem ersten Schultag auch etwas mitgebracht.

Benni Ja, wir haben für euch etwas gebastelt, damit ihr super gut lernen könnt.

Anna (*zu den Zuschauern*) Möchtet ihr es einmal sehen? Hier ist es – es sind die Zahlen. (*Sie zeigt den Zahlenstapel.*)
Helft ihr mir auch beim Vorlesen der Zahlen?
(*Anna liest eine Zahl nach der anderen vor und übergibt sie dem assistierenden 3. Kind:*) 1, 2, 3, 4, 5, 6, 7, 8, 9, 10.

Benni Das habt ihr ja toll gemacht! Da habt ihr aber einen großen Applaus verdient! (*Alle applaudieren.*) Aber – könnt ihr auch genauso gut diese Buchstaben lesen?
(Benni zeigt den Buchstabenstapel und sagt:)
Helft ihr mir auch beim Vorlesen der Buchstaben?
(*Benni liest einen Buchstaben nach dem anderen vor und übergibt sie dem assistierenden 4. Kind:*)
A, E, I, O, U, Au, Ei.

Anna Super! Applaus! (*Alle applaudieren.*)
So, jetzt bringen wir die Zahlen und Buchstaben zur Schule!

KOHL VERLAG Lernen mit Erfolg
DIE VERSCHWUNDENEN ZAHLEN
Ein Theaterstück zur Einschulung mit Gesang – Bestell-Nr. 13 106

1. Auftritt: Zahlen und Buchstaben

Benni Ja Anna, aber schnell! Die Schule fängt doch gleich an.

(Sie gehen zum Schulgebäude, legen die Päckchen getrennt auf die zwei Schulstühle und verschwinden. Alle singen das Lied „Hallo Kinder".)

Alle

Hallo Kinder,
hallo Kinder,
klein und groß,
klein und groß,
eure erste Stunde,
eure erste Stunde,
gleich geht´s los,
gleich geht´s los.

KOHL VERLAG
DIE VERSCHWUNDENEN ZAHLEN
Ein Theaterstück zur Einschulung mit Gesang – Bestell-Nr. 13 106

2. Auftritt: Zehn Häschen

(Ein Häschen kommt auf die Bühne gehoppelt, guckt links, guckt rechts, sieht das Zahlenpäckchen, nimmt es und läuft zum Mikrofon.)

1. Hase Oh! Fein, fein – Zahlen! Jetzt können wir Häschen auch die Zahlen lernen! *(winkt weitere neun Häschen auf die Bühne)*

2. Hase Ei, ei – was hast du da?

1. Hase Zahlen – fein, fein!

2. Hase Ei, ei – gib uns doch bitte auch eine Zahl!

1. Hase Ja! Fein, fein! *(gibt allen Häschen die Zahlen von 10 nach 1 und sagt dabei verkehrt herum:)* 1, 2, 3, 4, 5, 6, 7, 8, 9, 10

Alle Häschen *(wiederholen dabei laut die falsche Zählung, beachten aber erst zum Schluss das mögliche Protestgeschrei der Schulanfänger)* 1, 2, 3, 4, 5, 6, 7, 8, 9, 10

2. Hase *(zu den Zuschauern)* Ei, ei, Kinder. Haben wir etwa etwas falsch gemacht?

(Kinder schreien sehr wahrscheinlich „Ja !")

1. Hase Fein, fein. Dann nehmen wir die Zahlen eben mit und lernen sie richtig!

2. Hase Ei, ei – ja, wir nehmen sie mit in unsere Häschenschule auf der großen Wiese!

1. Hase Fein, fein! Häschen kommt!

(Die Häschen verschwinden hoppelnd mit den Zahlen.)

DIE VERSCHWUNDENEN ZAHLEN
Ein Theaterstück zur Einschulung mit Gesang – Bestell-Nr. 13 106
KOHL VERLAG

3. Auftritt: Sieben Zwerge

(Sieben Zwerge kommen auf die Bühne und rufen dabei laut: Uuund – links, zwei, drei, vier, links ...! 1. Zwerg sieht das Buchstabenpäckchen, nimmt es an sich und läuft zum Mikrofon.)

1. Zwerg Cool! Buchstaben!

2. Zwerg (*guckt neugierig*) Wow! Was hast du denn da?

1. Zwerg Buchstaben! Cool!

2. Zwerg Wow! Gib doch bitte jedem von uns einen Buchstaben ab!

1. Zwerg Ja – cool! (*gibt ihnen die Buchstaben von Ei nach A und sagt dabei verkehrt herum:*) A, E, I, O, U, Au, Ei

Alle Zwerge (*wiederholen dabei laut die falsch gelesenen Buchstaben, beachten aber erst zum Schluss das mögliche Protestgeschrei der Schulanfänger*) A, E, I, O, U, Au, Ei

2. Zwerg (*zu den Zuschauern*) Wow – Kinder! Haben wir etwa etwas falsch gemacht?

(Kinder schreien sehr wahrscheinlich „Ja !")

1. Zwerg Cool – dann nehmen wir die Buchstaben eben mit nach Hause und lernen sie richtig!

2. Zwerg Wow – ja wir nehmen sie mit in unsere Zwergenschule im Xxx – Berg!

1. Zwerg Cool – kommt ihr Zwerge!

(Die Zwerge verschwinden mit den Buchstaben und rufen dabei: links, zwei, drei, vier, links ...!)

KOHL VERLAG
DIE VERSCHWUNDENEN ZAHLEN
Ein Theaterstück zur Einschulung mit Gesang – Bestell-Nr. 13 106

4. Auftritt: Die Zahlen kommen zurück

(Anna und Benni erscheinen, erschrecken, weil sie die Päckchen mit den Zahlen und Buchstaben nicht mehr sehen, rennen aufgeregt zum Mikrofon, sagen an die Schulanfänger gewandt:)

Anna Die Zahlen sind nicht mehr da! Jetzt könnt ihr ja gar nicht rechnen lernen!

Benni Die Buchstaben sind auch nicht mehr da! Jetzt könnt ihr ja gar nicht lesen lernen!

Anna Wo sind die Zahlen denn nur?

Benni Wo sind die Buchstaben denn nur?
(*zu den Schulanfängern*) Wisst ihr es Kinder?

(Kinder schreien wahrscheinlich durcheinander: „Die Häschen / Zwerge haben die Zahlen / Buchstaben!")

Anna Aha, die Häschen haben die Zahlen!

Benni Und die Zwerge haben die Buchstaben!

Anna Wir müssen die Zahlen und die Buchstaben ganz schnell wieder bekommen! Aber wie?

Benni Aber wie? (*nach kurzem Überlegen*) Wisst ihr was?! Wir rufen einfach alle zusammen die Häschen. Dann kommen sie bestimmt!
(*Er zählt laut:*) 1, 2, 3: Häschen!
(*Er wartet, dann sagt er:*) Wir versuchen es noch einmal, aber diesmal ganz laut! 1, 2, 3: Häschen!

(Die zehn Häschen hüpfen auf die Bühne.)

1. Hase Ihr habt uns gerufen. Fein, fein! Aber warum?

Anna Bitte liebe Häschen, gebt uns doch die Zahlen wieder!
Die Kinder hier müssen doch rechnen lernen!

4. Auftritt: Die Zahlen kommen zurück

2. Hase Ei, ei – aber wir wollen doch auch so gern die Zahlen lernen! Ei, ei – lernen!

Anna Oh weh! Was machen wir nun?!

Benni Ganz einfach! Wir zeigen euch, wie die Zahlen heißen – und dann gebt ihr sie uns wieder. O.k.?

Alle Häschen O.k.!

(Alle singen das Lied „Zehn kleine Häschen", bei dem die Zahlen richtig gezeigt werden)

Zehn kleine Häschen, die spielten in der Scheun',
das eine hat die Katz' geschnappt, da waren's nur noch neun.

Refrain: Ein klein, zwei klein, drei klein, vier klein, fünf klein Häschen klein,
sechs klein, sieb'n klein, acht klein, neun klein, zehn klein Häschen klein.

Neun kleine Häschen, die huschten durch die Nacht,
das eine hat die Eul' gepackt, da waren's nur noch acht. ***Refrain …***

Acht kleine Häschen, die sind im Loch geblieben,
das eine hat kurz rausgeschaut, da waren's nur noch sieben.
Refrain …

Sieben kleine Häschen, die ärgerten ,ne Hex',
da wurde diese zornig – schwupps – da waren's nur noch sechs. ***Refrain …***

Sechs kleine Häschen, die tapsten in die Sümpf',
da hat es plötzlich ‚gluck' gemacht, da waren's nur noch fünf. ***Refrain …***

Fünf kleine Häschen, die tranken starkes Bier,

KOHL VERLAG
DIE VERSCHWUNDENEN ZAHLEN
Ein Theaterstück zur Einschulung mit Gesang – Bestell-Nr. 13 106

4. Auftritt: Die Zahlen kommen zurück

das eine hat zu viel geschluckt, da waren's nur noch vier. **Refrain ...**

Vier kleine Häschen, die schleckten süßen Brei,
das eine hat zu viel genascht, da waren's nur noch drei. **Refrain ...**

Drei kleine Häschen, die fraßen Brot mit Ei,
das Ei war leider faul – igitt! Da waren's nur noch zwei. **Refrain ...**

Zwei kleine Häschen, die wanderten nach Mainz,
ein Auto war zu schnell für sie, da war es nur noch eins. **Refrain ...**

Ein kleines Häschen trank Wasser voller Dreck,
das ist ihm nicht sehr gut bekomm'n, jetzt sind sie alle weg. **Refrain ...**

Kein kleines Häschen, wie ist die Welt so leer!
Da zauberte ein Zauberer sie alle wieder her.

Anna (*zu den Häschen*) Könnt ihr nun die Zahlen lesen?

Alle Häschen (*rufen*) Ja!

Anna Dann könnt ihr sie uns ja wieder zurückgeben.

Alle Häschen (*rufen*) Ja!

Anna Also los!

Alle Häschen (*geben die Zahlen zurück und benennen sie dabei richtig:*)
1, 2, 3, 4, 5, 6, 7, 8, 9, 10

Anna Vielen Dank, ihr Häschen. Tschüss!

(*Die Häschen hoppeln fröhlich winkend von der Bühne.*)

KOHL VERLAG
DIE VERSCHWUNDENEN ZAHLEN
Ein Theaterstück zur Einschulung mit Gesang – Bestell-Nr. 13 106

5. Auftritt: Die Buchstaben kommen zurück

Benni Die Zahlen haben wir zum Glück wieder. Aber die Buchstaben nicht.

Anna (*zu den Kindern*) Wisst ihr was?! Wir versuchen einfach alle zusammen, die Zwerge herbeizurufen. Ich glaube, das schaffen wir,
(*Sie zählt:*) 1, 2, 3: Zwerge!
(*Sie wartet, dann sagt sie:*) Wir versuchen es noch einmal, aber diesmal viel lauter! 1, 2, 3: Zweeerge!

(*Alle sieben Zwerge erscheinen unter dem Kommando des 1. Zwergs:*)

1. Zwerg Zwerge aufgepasst! Uuund – links, zwei, drei, vier, links .
(*zu Anna und Benni*) Ihr habt uns gerufen – cool! Aber warum?

Benni Bitte, liebe Zwerge – gebt uns die Buchstaben wieder! Die Kinder hier müssen doch lesen lernen!

2. Zwerg Lesen lernen?! Wow – aber das wollen wir doch auch!

Anna Wir helfen euch, die Buchstaben zu lernen – und dann gebt ihr sie uns wieder – O.k.?!

Alle Zwerge O.k.!

(*Alle singen „Zwerge, los wir lernen lesen". Dabei werden die Buchstaben richtig gezeigt.*)

Alle: ***Refrain: Zwerge, los wir lernen lesen!***
Lange seid ihr dumm gewesen,
doch jetzt üben wir ganz schnell das ABC,
und das tut auch gar nicht weh!

A sagt der Adler, fliegt er über Afrika,

5. Auftritt: Die Buchstaben kommen zurück

E sagt der Esel, Quatsch, nicht E, sondern I-A
I sagt der Igel, wenn er einen Iglu sieht,
und wir singen euch das Lied: ***Refrain*** …

O sagt der Opa, wenn er seine Oma küsst,
U sagt der Uhu, wenn er seine Uhr vergisst,
Au sagt man, wenn das Straußen-Ei man übersieht,
und wir singen euch das Lied: ***Refrain*** ..

Benni (*zu den Zwergen:*) Könnt ihr nun die Buchstaben lesen?
Alle Zwerge (*rufen*) Ja!

Benni Dann könnt ihr sie uns ja wieder zurückgeben.

Alle Zwerge (*rufen*) Ja!

Benni Also los!

Alle Zwerge (*geben die Buchstaben zurück und benennen sie dabei richtig:*)
A, E, I, O, U, Au, Ei

Benni Vielen Dank ihr Zwerge! Tschüss!

1. Zwerg (*ruft*) Zwerge aufgepasst! Uuund – links, zwei, drei, vier, links …!

(*Alle Zwerge verschwinden fröhlich winkend.*)

KOHL VERLAG
DIE VERSCHWUNDENEN ZAHLEN
Ein Theaterstück zur Einschulung mit Gesang – Bestell-Nr. 13 106

6. Auftritt: Die erste Schulstunde kann beginnen

Benni So, jetzt ist alles wieder in Ordnung.

Anna Nun können die Kinder endlich lesen und rechnen lernen.

Benni (*guckt auf die Uhr, erschrickt*) Es ist ja auch aller-, allerhöchste Zeit

Anna Ja, allerhöchste Zeit – gleich beginnt ja auch die aller-, allererste Unterrichtsstunde.

Benni Dann wollen wir die Kinder auch gleich mit einem Lied begrüßen.

(*Alle singen das Lied „Erster Schultag, der ist heute".*)

Alle Erster Schultag, der ist heute – das ist toll,
erster Schultag, der ist heute – das ist toll,
erster Schultag, der ist heute,
erster Schultag, der ist heute,
erster Schultag, der ist heute – das ist toll!

Refrain: Wir singen ja, ja, jippie, jippie, jeh,
singen ja, ja, jippie, jippie, jeh,
singen ja, ja, jippie, jippie,
ja, ja, jippie, jippie,
ja, ja, jippie, jippie, jeh!

Und ihr werdet rechnen lernen – das ist toll! (Zw.) 1, 2!
Und ihr werdet rechnen lernen – das ist toll! (Zw.) 3, 4!
Und ihr werdet rechnen lernen,
und ihr werdet rechnen lernen,
und ihr werdet rechnen lernen – das ist toll!

Refrain …

KOHL VERLAG
DIE VERSCHWUNDENEN ZAHLEN
Ein Theaterstück zur Einschulung mit Gesang – Bestell-Nr. 13 106

6. Auftritt: Die erste Schulstunde kann beginnen

Und ihr werdet lesen lernen – das ist toll! (Zw.) A, B!
Und ihr werdet lesen lernen – das ist toll! (Zw.) C, D!
Und ihr werdet lesen lernen,
und ihr werdet lesen lernen,
und ihr werdet lesen lernen – das ist toll!

Refrain …

(*Zw. = Zwischenrufe in den Singpausen*)

(*Auch der restlichen Mitwirkenden kommen auf die Bühne und winken dem Publikum zu.*)

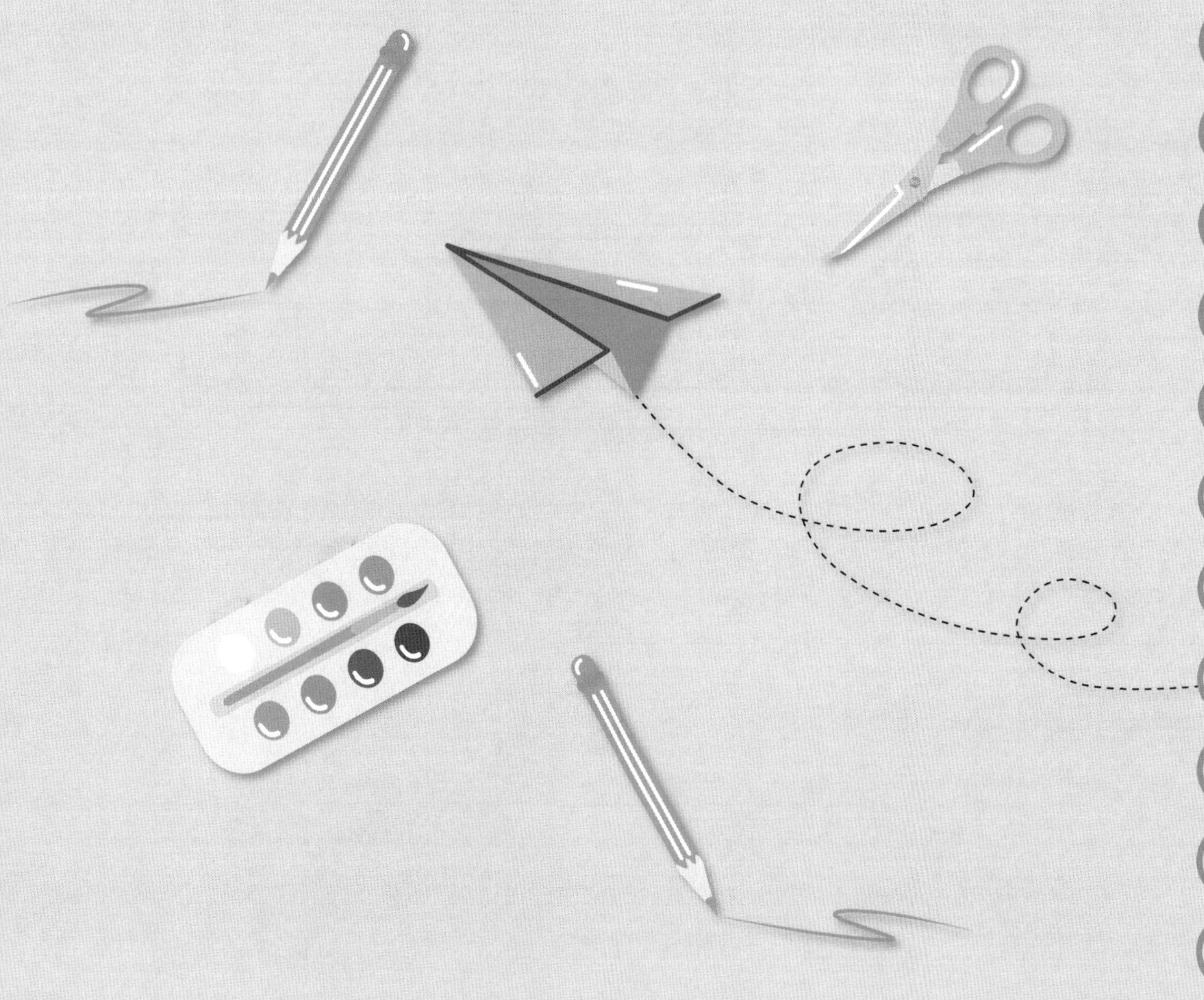

DIE VERSCHWUNDENEN ZAHLEN
Ein Theaterstück zur Einschulung mit Gesang – Bestell-Nr. 13 106
KOHL VERLAG

Liederanhang

Die Melodien der Lieder in „Die verschwundenen Zahlen" sind eigentlich allerorts gut bekannt. Sollte jemand ein Lied jedoch nicht oder nicht besonders gut kennen, helfen die Hörbeispiele, es schnell und mühelos kennenzulernen und einzuüben. Mit unserem Download-Code im Impressum auf Seite 1 können Sie die Lieder gesungen und als Playback-Versionen herunterladen. So können die Schauspieler/innen auch ohne den Einsatz von Begleitinstrumenten singen.

- Hallo Kinder (Melodie: Bruder Jakob)
- Zehn kleine Häschen (Melodie: Zehn kleine Negerlein)
- Zwerge, los wir lernen lesen (Melodie: Glory, Glory, Halleluja)
- Erster Schultag, der ist heute (Melodie: Von den blauen Bergen kommen wir)

Die Lieder können mit Instrumenten (Violine, Flöte, Klavier, Gitarre, Keyboard) begleiten werden. So finden sich zusätzlich zu den Liedtexten auch die Noten und Akkorde aller Lieder. Wo ein Lied transponiert werden könnte, ist dies unter den Noten angegeben.

Ein akustisches Transponieren kann ...

- bei Verwendung einer Gitarre als Begleitinstrument auch ganz einfach durch Nutzung eines Kapodasters oder
- bei Verwendung eines Keyboards durch die entsprechende Einstellung des an jedem Gerät befindlichen Transpose-Reglers erreicht werden.

Akkordsymbole:

- große Akkord-Buchstaben (z. B.: A) bedeuten „Dur"
- kleine Akkord-Buchstaben (z. B.: a) bedeuten „Moll"

Ein Zusammenwirken mit den örtlichen Musikschulen oder privaten Musiklehrern ist in bestimmten Fällen empfehlenswert.

Die Lieder können gesungen und als Playback genutzt werden (MP3). Zu den Playbacks kann – auch ohne den Einsatz von Begleitinstrumenten – gesungen werden. Die gesungenen Versionen der Lieder eignen sich übrigens als Einstieg besonders gut.

Spielzeiten der Lieder:

Hallo Kinder (0:20)	**Playback (0:20)**
Zehn kleine Häschen (3:43)	**Playback (3:43)**
Zwerge, los wir lernen lesen (1:39)	**Playback (1:39)**
Erster Schultag, der ist heute (2:02)	**Playback (2:02)**

Noten

Hallo Kinder

Hal - lo Kin - der, hal - lo Kin - der,

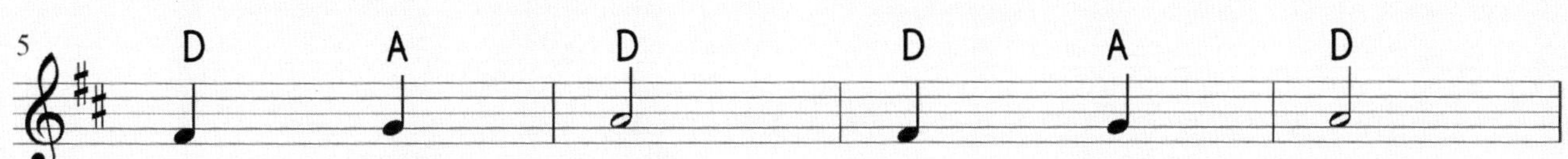

klein und groß, klein und groß,

eu - re er - ste Stun - de, eu - re er - ste Stund - de,

gleich geht´s los, gleich geht´s los.

DIE VERSCHWUNDENEN ZAHLEN
Ein Theaterstück zur Einschulung mit Gesang – Bestell-Nr. 13 106
KOHL VERLAG

Noten

Zehn kleine Häschen

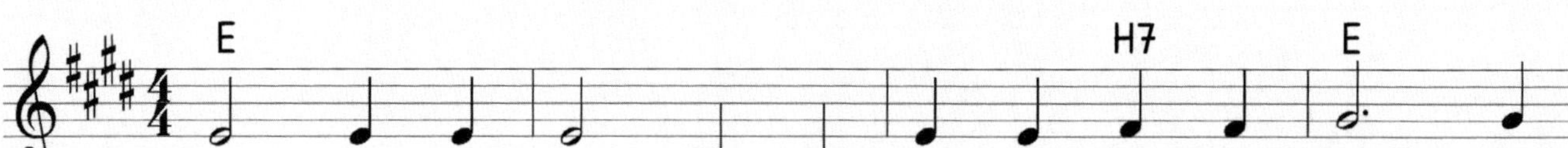

Zehn klei - ne Häs - chen, die spiel-ten in der Scheun', das

DIE VERSCHWUNDENEN ZAHLEN
Ein Theaterstück zur Einschulung mit Gesang – Bestell-Nr. 13 106
KOHL VERLAG

Noten

Zwerge, los wir lernen lesen

Zwer- ge, los wir ler-nen le - sen! Lan - ge seid ihr dumm ge- we-sen,

doch jetzt ü-ben wir ganz schnell das A B C, und das tut auch gar nicht

weh! A sagt der A-dler, fliegt er ü - ber A - fri - ka,

E sagt der E-sel. Quatsch, nicht E, son-dern I- A, I sagt der I-gel, wenn er

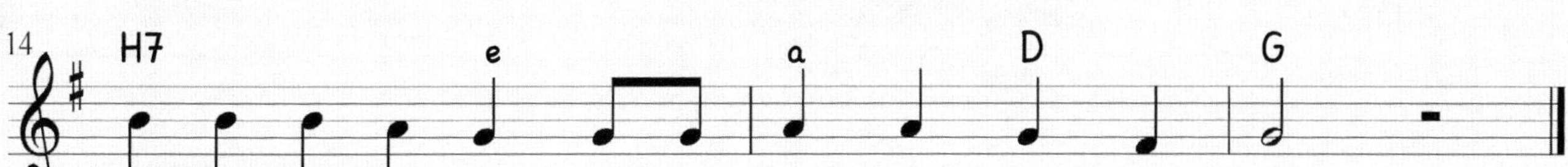

ei-nen I - glu sieht, und wir sin - gen euch das Lied:

DIE VERSCHWUNDENEN ZAHLEN
Ein Theaterstück zur Einschulung mit Gesang – Bestell-Nr. 13 106
KOHL VERLAG

Noten

Erster Schultag, der ist heute

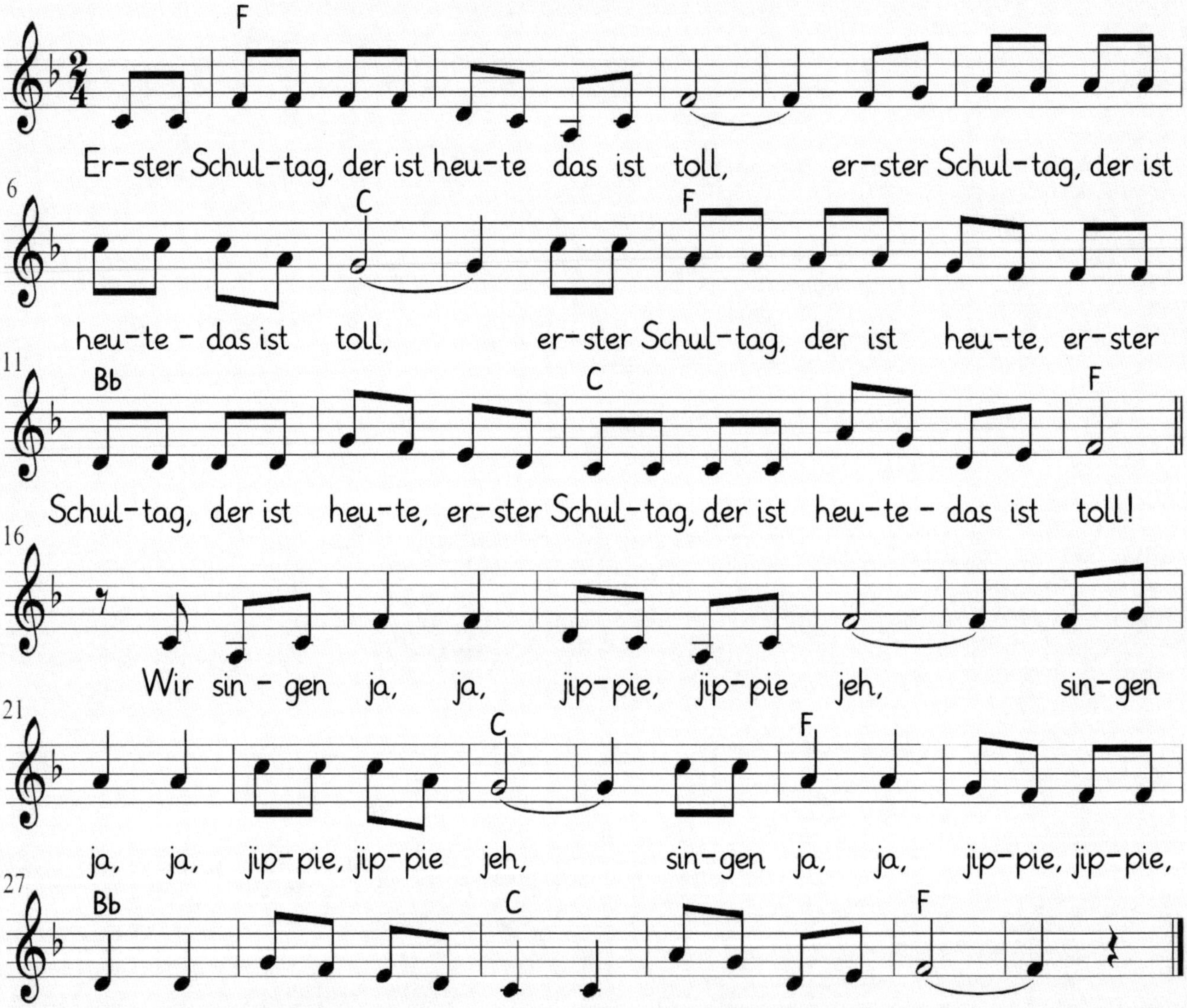

F
Er-ster Schul-tag, der ist heu-te das ist toll, er-ster Schul-tag, der ist

6 C F
heu-te - das ist toll, er-ster Schul-tag, der ist heu-te, er-ster

11 Bb C F
Schul-tag, der ist heu-te, er-ster Schul-tag, der ist heu-te - das ist toll!

16
Wir sin - gen ja, ja, jip-pie, jip-pie jeh, sin-gen

21 C F
ja, ja, jip-pie, jip-pie jeh, sin-gen ja, ja, jip-pie, jip-pie,

27 Bb C F
ja, ja, jip-pie, jip-pie, ja, ja, jip-pie, jip-pie, jeh!

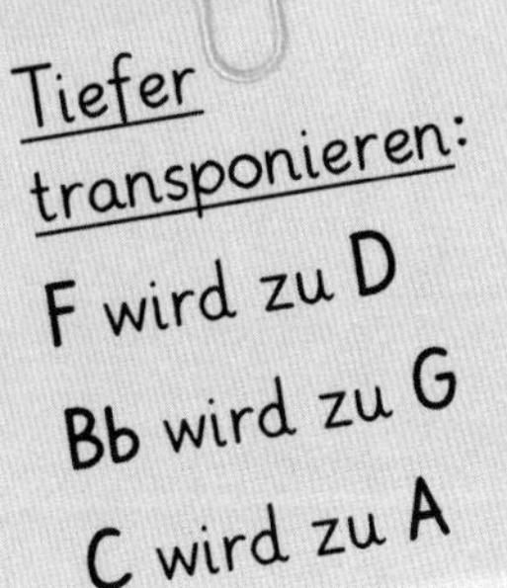

(Wenn gewünscht, kann mit Hilfe des Kapodasters eine beliebige Tonart zum Singen gewählt werden.)

DIE VERSCHWUNDENEN ZAHLEN
Ein Theaterstück zur Einschulung mit Gesang – Bestell-Nr. 13 106
KOHL VERLAG